U0937118

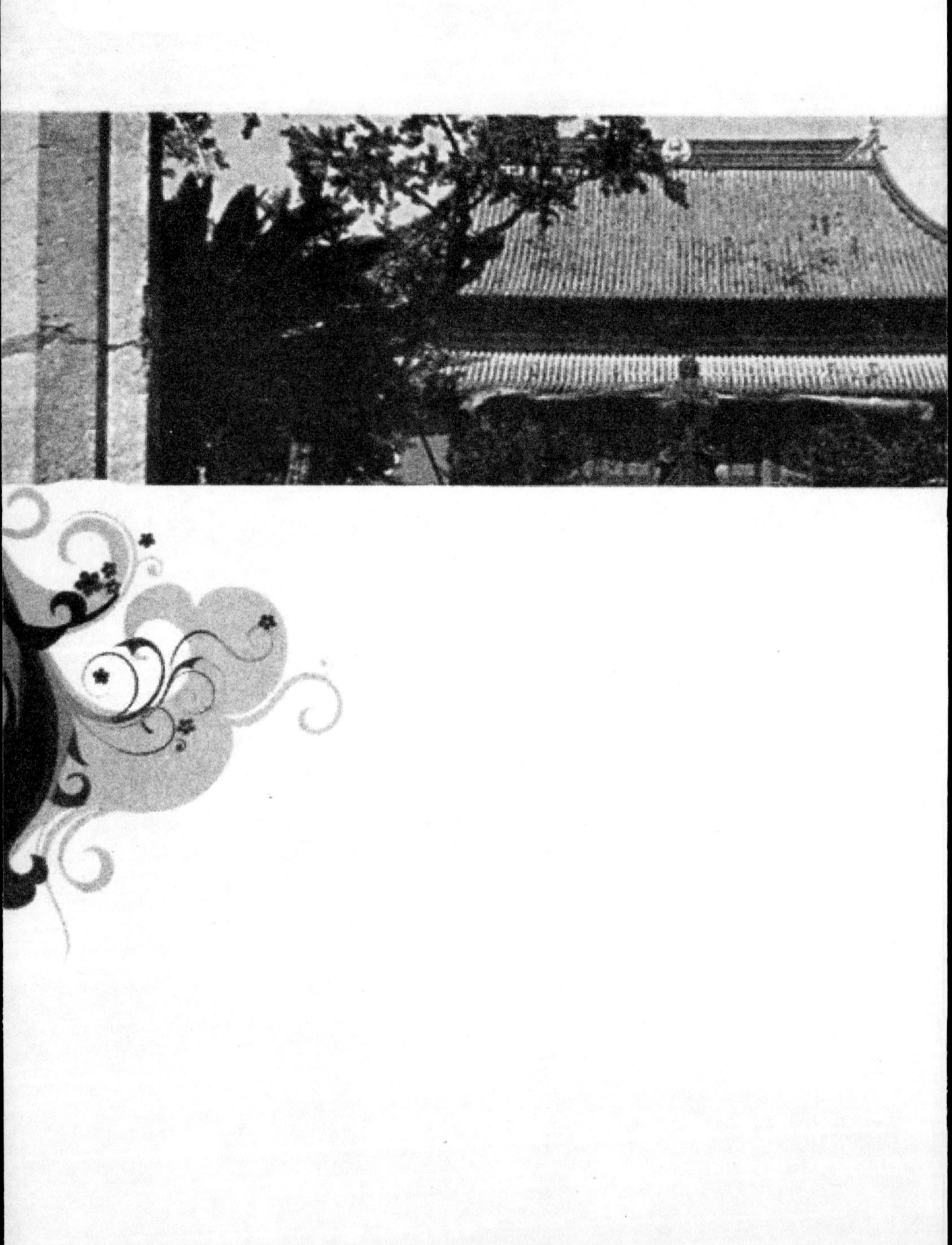

Zhongguo Wenhua
Zhishi Duben

中国文化知识读本

孔府孔庙孔林

主编 金开诚
编著 韩秀林

吉林出版集团有限责任公司
吉林文史出版社

图书在版编目（CIP）数据

孔府孔庙孔林 / 韩秀林编著 .—长春：吉林出版集团有限责任公司：吉林文史出版社，2009.12（2022.1 重印）
（中国文化知识读本）
ISBN 978-7-5463-1931-5

Ⅰ . ①孔… Ⅱ . ①韩… Ⅲ . ①名胜古迹－简介－曲阜市 Ⅳ . ① K928.705.23

中国版本图书馆 CIP 数据核字（2009）第 236914 号

孔府孔庙孔林

KONGFU KONGMIAO KONGLIN

主编/ 金开诚 编著/韩秀林
责任编辑/曹恒　崔博华 责任校对/刘姝君
装帧设计/曹恒 摄影/金诚 图片整理/王贝尔
出版发行/吉林文史出版社 吉林出版集团有限责任公司
地址/长春市人民大街4646号 邮编/130021
电话/0431-86037503 传真/0431-86037589
印刷/三河市金兆印刷装订有限公司
版次 /2009 年 12 月第 1 版 2022 年 1 月第 6 次印刷
开本/650mm×960mm 1/16
印张/8 字数/30千
书号/ISBN 978-7-5463-1931-5
定价/34.80元

关于《中国文化知识读本》

文化是一种社会现象，是人类物质文明和精神文明有机融合的产物；同时又是一种历史现象，是社会的历史沉积。当今世界，随着经济全球化进程的加快，人们也越来越重视本民族的文化。我们只有加强对本民族文化的继承和创新，才能更好地弘扬民族精神，增强民族凝聚力。历史经验告诉我们，任何一个民族要想屹立于世界民族之林，必须具有自尊、自信、自强的民族意识。文化是维系一个民族生存和发展的强大动力。一个民族的存在依赖文化，文化的解体就是一个民族的消亡。

随着我国综合国力的日益强大，广大民众对重塑民族自尊心和自豪感的愿望日益迫切。作为民族大家庭中的一员，将源远流长、博大精深的中国文化继承并传播给广大群众，特别是青年一代，是我们出版人义不容辞的责任。

《中国文化知识读本》是由吉林出版集团有限责任公司和吉林文史出版社组织国内知名专家学者编写的一套旨在传播中华五千年优秀传统文化，提高全民文化修养的大型知识读本。该书在深入挖掘和整理中华优秀传统文化成果的同时，结合社会发展，注入了时代精神。书中优美生动的文字、简明通俗的语言、图文并茂的形式，把中国文化中的物态文化、制度文化、行为文化、精神文化等知识要点全面展示给读者。点点滴滴的文化知识仿佛繁星，组成了灿烂辉煌的中国文化的天穹。

希望本书能为弘扬中华五千年优秀传统文化、增强各民族团结、构建社会主义和谐社会尽一份绵薄之力，也坚信我们的中华民族一定能够早日实现伟大复兴！

目录

一 简介

曲阜孔府大门

（一）孔庙、孔府和孔林

孔庙、孔府和孔林，又统称为“三孔”，是我国规模最大的集祭祀孔子及其后裔的府邸、庙宇和墓地于一体的具有东方建筑色彩和格调、气势雄伟壮丽的庞大古建筑群。“三孔”坐落在山东曲阜市中心，它们是在孔子故居的基础上逐步发展起来的，是中国历代推崇儒家文化、纪念孔子的表征。

它们以悠久的历史、宏大的规模、厚重的文化、丰富的文物珍藏以及高超的艺术价值而著称于世，于 1994 年 12 月被联合国教科文组织列入《世界遗产名录》。

孔庙、孔林、孔府建筑群凝聚了我国古代建筑艺术的精华，极具美感。同时在建筑的布局、规划和装饰等方面，也反映出儒家思想的精髓。它们不仅是内涵丰富的文化类遗产，同时还拥有大量有价值的自然遗产。

（二）孔子与儒家学说

孔子（公元前 551—公元前 479 年），名丘，字仲尼，鲁国人，是中国儒家学派的创始人，他对后世的影响非常深远，是我国乃至世界上最伟大的思想家、教育家、哲学家之一。

孔子生在鲁国。鲁国为周公旦之子伯禽封地，对周代文物典籍保存完好，素有

万世师表前的孔子像

“礼乐之邦”之称。鲁昭公二年（公元前 540 年），晋国的大夫韩宣子访问鲁国时，观书后赞叹：“周礼尽在鲁矣！”鲁国文化传统与当时学术下移的形势对孔子思想的形成有很大影响。

孔子 15 岁时，即“志于学”，尤其善于向别人学习，曾言道：“三人行，必有我师焉。择其善者而从之，其不善者而改之。”（《论语·述而》）因此有“博学”之誉。在“三十而立”之年开始授徒讲学，不分贵贱，凡带一点“束脩”的，都收为学生。如颜路、子路、冉有、子贡、颜回等，是较早的一批弟子。连鲁大夫孟僖子之子孟懿子和南宫敬叔都来学礼，

建水文庙是中国最大的孔庙之一

可见孔子办学已闻名遐迩。私学的创设，打破了“学在官府”的旧制，进一步促进了学术文化的发展。

孔子的思想核心是“仁”，“仁”就是“爱”。同时，他把“礼”作为行为的规范和目的，使“仁”和“礼”相互为用。他所提出的社会理想及原则，既维护了以君、臣、父、子为核心的宗法等级制度，又强调了各等级之间应该承担的责任和义务。在治国的方略上，孔子主张“道之以德，齐之以礼”，用道德和礼教来治理国家，以期再现“礼乐征伐自天子出”的西周盛世。这种治国方略也叫“德治”或“礼治”，这种把德、礼施之于民的做法，实

曲阜孔府景色

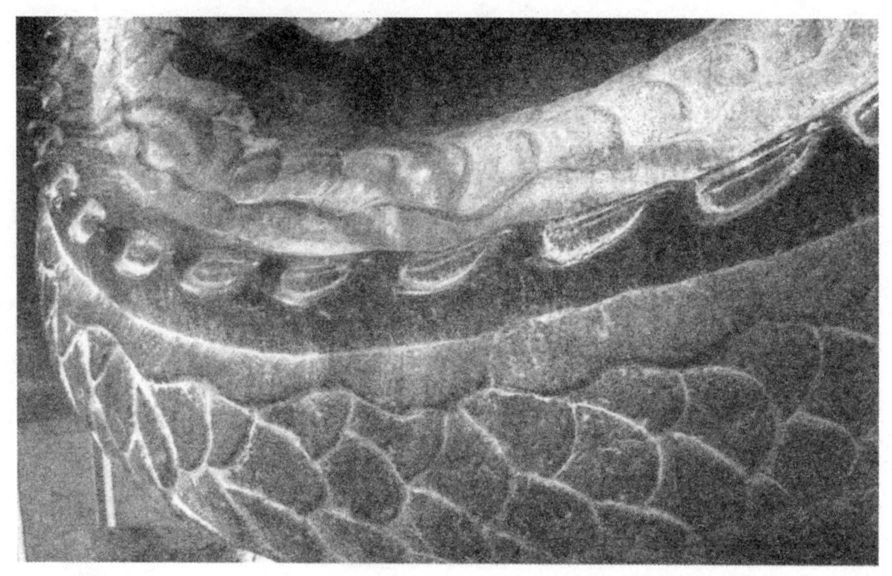
孔庙大成殿雕刻

际上已打破了传统的礼不下庶人的封建信条。他的“仁”说，体现了人道精神；他的“礼”说，则体现了礼制精神，即现代社会意义上的秩序和制度。人道主义是人类永恒的主题，对于任何社会、任何时代都是适用的；而秩序和制度则是建立人类文明社会的基本要求。孔子的这种人道主义精神和礼制精神是中国古代社会政治思想精华的浓缩。

可惜的是，孔子的政治理想在当时并未得以真正实施。他虽多次受各诸侯国礼遇，可始终不被重用。于是，孔子晚年不再直接参与政治活动，而是致力于整理古代文化典籍并继续从事教育工

孔子《论语》纸扇

作，大规模地开展文化教育事业。

孔子一生的主要言行，经其弟子和再传弟子整理编成《论语》一书，孔子的学说也主要集中在这本书中，成为后世儒家学派的经典。人们历来对此书评价甚高，北宋大政治家赵普曾有“半部《论语》治天下”之说。

孔子所创立的以“仁政德治”为核心的儒家学说包罗万象，博大精深。他的学说影响了中国两千多年的历史发展进程，他的思想已逐渐渗入到中国人的生活与文化领域中，深刻地影响着每一个中国人的思想和行为模式，成为东方人品格和心理的理论基石。他的儒家文化也逐渐成为中华民族传统文化的主流和基础，时至今日仍在社会生活中发挥着巨大的积极作用。他也由此被尊为“至圣先师”“万世师表”。

孔子不仅属于历史，也属于当代；不仅属于中国，也属于世界。他所创立的儒家学说甚至影响到了亚洲、欧洲、美洲、非洲等很多地区。在西方人心目中，孔子与希腊古代哲人苏格拉底、柏拉图一样享有盛名。在朝鲜、日本、越南等亚洲国家，儒家思想也被奉为封建社会的正统思想。近年来，有些国家还开设了孔子学院，如在2004年，中国第一所海外孔子学院在韩国首都举行了挂

杭州孔庙大成殿

孔府外景

牌仪式；2005 年，美国马里兰大学同意建立马里兰孔子学院；之后不久，中国同瑞典关于建立斯德哥尔摩孔子学院一事达成协议；肯尼亚同意在内罗毕大学设置孔子学院……

（三）孔子与曲阜

曲阜位于山东省的西南部，有着五千多年的悠久历史，被世人尊称为“东方圣城”，为世界三大圣城之一。“千年礼乐归东鲁，万古衣冠拜素王”，曲阜之所以享誉全球，是因为它与孔子的名字紧密联系在一起。

曲阜是儒学、儒教的发源地。我国古

孔林门外牌坊

代著名思想家、教育家、儒家学派创始人孔子在此留下了众多的活动遗迹：他出生于尼山，在阙里成长，在杏坛设教，最后葬于泗上，两千多年来一直在此受后人祭拜。另外，曲阜也是中国另一位伟大的思想家、教育家孟子的出生地。正因这些丰厚的文化积淀，曲阜被列为国务院首批公布的二十四个历史文化名城之一。

曲阜是古代东夷族部落居住中心、大汶口文化和龙山文化主要地区，亦是周代东方的礼乐之邦，这就为儒学的产生提供了丰厚的基础。在这得天独厚的文化氛围的熏陶下，孔子勤学好思，孜孜不倦，严谨治学，修订《诗》《书》《礼》

曲阜风光

孔子像

孔林景色

《乐》《周易》《春秋》等，较全面地整理了中国古代文献。同时，他潜心教学，培养弟子三千人，其中精通六艺（礼、乐、射、御、书、数）者七十二人，也就是所说的“七十二贤人”，如颜回、子路、子贡等。他积毕生之功力，在曲阜创立并传播了儒家学说。

作为孔子的故乡，曲阜素以历史悠久、文化氛围浓厚、文物丰富及古建筑雄伟称誉世界。全市现有文物保护单位三百余处，重点文物保护单位一百余处。其中以“三孔”（孔府、孔庙、孔林）最为著名。

二 孔府

孔府房檐瓦当

（一）孔府简介

孔府，又称“圣府”“衍圣公府”，坐北朝南，位于孔庙的东侧，是孔子嫡长孙的衙署及府第。孔府不仅是公侯府第，还是圣人之家，是封建最高统治者钦封的，而且不受王朝更替影响并可世代承继，千年不衰，因此享有“天下第一家”之称。它是我国仅次于明、清皇帝宫室的最大府第，也是中国封建社会官衙与内宅合二为一的典型建筑。

孔子死后，历代封建王朝在尊崇孔子的同时，不断追加其谥号。同时，历代帝王对孔子后裔也一再加封，对其嫡长孙屡次加官晋爵。公元前 195 年，九代孙孔腾被封为奉祀君以奉祀孔子，以后代代沿袭。北宋至和二年(1055 年)，宋仁宗改封孔子第四十六代孙孔宗愿为世袭“衍圣公”。此次加封达到巅峰，这一封号自宋至民国初年，一直延续到七十七代，前后共有四十多人袭封，历时八百余载，成为中国历史上享有特权最长久的贵族世家。

“衍圣”的意思是指“圣道”“圣裔”能繁衍接续，其子孙可世代相袭。“衍圣公”是我国封建社会享有特权的大贵族。衍圣公的主要职责是奉祀孔子、护卫孔子林庙，宋以后陆续增加了管理孔氏族人、管理先贤先儒后裔等职责。

（二）历史沿革及文物收藏

孔府是中国传世最久、规模最大的封建贵族庄园，同时还设有一套完整的管理机构，拥有部分政权职能。

孔子去世后，子孙一直依庙居住，当时只为看管孔子遗物。宋代，为纪念孔子，宣扬儒家思想，于宝元元年（1038 年）始建孔府。北宋至和二年(1055 年)仁宗封孔子四十六世孙孔宗愿为“衍圣公”，在原曲阜（当时称为仙源，在今曲阜县城东

孔府奎楼

十里）县城内建造了衍圣公府。

明洪武十年（1377 年），太祖朱元璋诏令衍圣公设置官司署，特命在阙里故宅以东重建府第。至此，衍圣公府独立了出来，世代袭封。弘治年间，孔府曾遭受火灾，弘治十六年（1503 年），孔府奉旨重修。正德八年 (1513 年)，曲阜县城移至孔庙、孔府所在地，以便能更好地对其进行保护。孔庙、孔府便成为曲阜新城中心区的主要建筑。

清代，在原有的基础上进行了几次较大规模的重修、维护。现存的孔府基本上保持了清代的面貌。

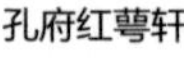
孔府红萼轩

因世代尊荣，屡加封赏，孔府积攒

孔府上房

了大量稀世珍宝。府内现仍保存有许多珍贵的文物，约三万余件。其中大部分是历代封建皇帝为表示对孔子的尊崇而不断赏赐给他的后代子孙的，如御制诗文、礼器乐器、儒家典籍、帝后墨宝、文房四宝等应有尽有，其中最为著名的“商周十器”，也称为“十供”，原为宫廷所藏青铜礼器，是乾隆帝赐予孔府的。府内还保存着著名的数以万卷的孔府档案，是研究我国封建社会历史变迁不可多得的第一手资料。另外还有其子孙自行搜集之历代奇珍等文物。

孔府六厅

（三）建筑特色及特色建筑

随着孔子后世官位的升迁和爵位的提升，也随着儒家思想不断地演变为中国封建社会的正统思想，孔府的建筑规模也得以不断地扩大。至清代，已具备现在的规模。孔府占地七千余平方米，现存有古建筑一百五十二座，四百多间。

因孔子嫡孙恪守诗礼传家的祖训，如此庞大的建筑也受到儒家礼仪的制约，留下了儒家宗法制度与伦理观念的印迹。

整个孔府建筑群沿用中国传统的前堂后寝制度，前堂部分有官衙、东学、西学，供处理公务、会客之用，是对外活动的场所；后寝部分有内宅、花厅、一贯堂等，是家族生活的场所。建筑功能分区明确，排列井然有序。

孔府的建筑群前后共分九进院落，严格遵循礼教与宗法原则，左右对称，成中、东、西三路布局。东路即东学，是孔氏的家庙和作坊所在，有一贯堂、慕恩堂、孔氏家庙及作坊等，其中“一贯堂”为次子的居所。西路即西学，是接待贵宾和读书习礼的地方，有红萼轩、忠恕堂、安怀堂及花厅等。中路为孔氏宗子（即嫡长子长孙）衍圣公所，居中为尊，所以孔府建筑的主体部分在中路，以此体现宗子的尊贵地位。中路建筑，前为官衙，有三堂六厅，后为内宅，有前上房、前堂楼、后堂楼、

孔府景色

孔府建筑

配楼、配间等。中路官衙、内宅界限分明，体现了男女授受不亲、内外有别的封建伦理观念。

孔府的建筑也是“园宅结合”的范例，最后为花园，名“铁山园”。

孔府东、西面还分别建有东仓、西仓、车栏、马号、柴园等；孔府南、北面还有族人及仆役家属居住区。

孔府建筑物的名称也打上了儒家思想的烙印，“东学”“西学”，既赞扬了孔子在教育界所取得的辉煌成就，又显示了孔子嫡孙以诗礼传家、好学上进的态度。而“一贯堂”“忠恕堂”“安怀堂”等既赞扬了孔子的政治理想，又表明了孔子嫡孙仿效的决心。

孔府大门上圣府牌匾

按封建礼制，孔府的规模之大已超过公府的定制。中、东、西三路建筑已将政务、祭祀、学习、宴客、生活、俗务等包罗俱全，布局俨然是小型宫殿。孔府在大门、二门、仪门、正厅等处明间阑额上绘有宫廷“双龙捧珠”和玺彩画，反映出它是拥有皇家特权的贵族府第。

1．大门

孔府大门也被称作“圣府大门”，系明代建筑，主体结构及外观均保持明代式样和风格。共有3间，高7.95米，长14.36米，宽9.67米。门前左右两侧，有一对两米多高的圆雕雌雄石狮。红边黑漆的大门上镶嵌着狻猊铺首，大门正中上方高悬着蓝底

孔府门对联

金字的“圣府”匾额，门两旁的明柱上悬挂有一副金字对联：“与国咸休安富尊荣公府第，同天并老文章道德圣人家。”如此大的气派，足以表明孔府在封建社会中所处的显赫地位。

据说，“圣府”匾额为明朝奸相严嵩所题。而孔府大门最值得人留意的却是门两旁的对联。相传，这副对联出自清代大才子纪晓岚之手，文采自不必说，更是高度赞誉了“至圣先师”孔子的学说堪与日月争辉共久长的无与伦比的文化地位，寓意其子孙后代也将与国家同休戚、共命运，永享富贵。人称“天下第一联”。

初看之下，这副对联似乎有两处笔误，一是“富”字上面缺了一点，另一个是“章”字的一竖出了头，直通“立”字。其实不然，这是孔府故意为之，其意为孔府后世子孙“富贵无头”，永享富贵荣华；“文可通天”，世间无人能及。真可谓独具匠心，寓意奇巧。还有一说，纪晓岚在为孔府书写门联时，“章”字书写了数遍皆不如意，遂弃笔安歇，睡梦中见一老翁在他写的“章”字上画了一笔，破“曰”成“田”状，醒后一挥而就，果然气势不凡，于是就有了现在所见到的“笔误”。这就是所谓的“文章通天”，无人能及。

“章”字

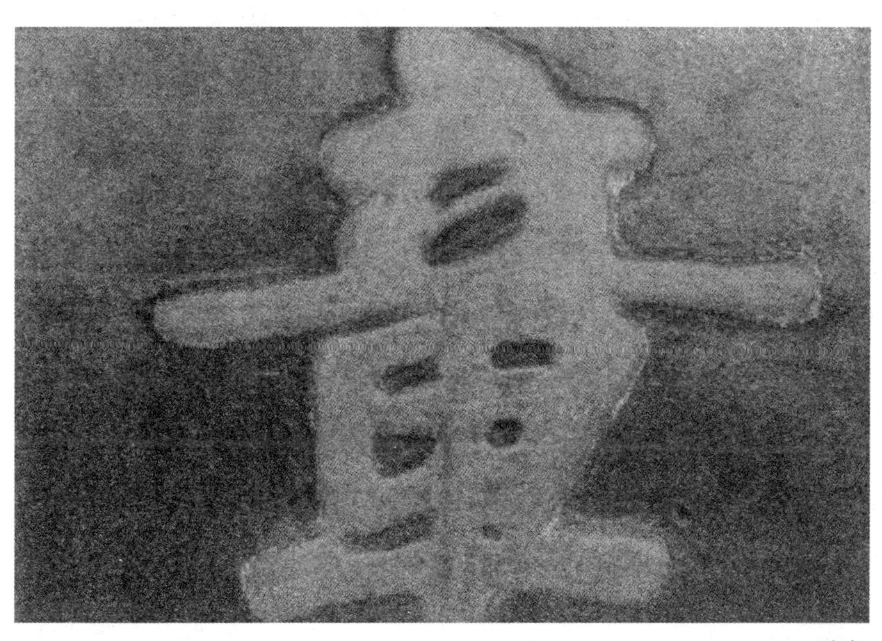

2. 二门

进入孔府大门，再穿过第一进狭长的庭院，便是孔府中路的第二道大门，俗称二门。这道门建于明代，门楣高悬明代诗人、吏部尚书、文渊阁大学士李东阳手书“圣人之门”的竖匾，门柱有石鼓夹抱。正门左右各有侧门一道，耳房一间。在封建社会，平时只走侧门，正门不开，以示庄严。

孔府重光门

3. 重光门

进入二门，迎面就可见到一座独具风格、小巧玲珑的屏门，因门楣上悬挂有明代皇帝朱厚熜题写的“恩赐重光”匾，故称“重光门”。这道门建于明弘治十六年（1503 年），高 5.95 米，长 6.24 米，宽 2.03 米。此门为木结构，两侧不接墙垣，四对石鼓夹立四根圆柱，上面承托着彩绘梁椽、上覆灰瓦的门顶，前后各缀有四个倒垂的木雕贴金花蕾，故又称“垂花门”。这道门结构严谨，风格独特，在建筑工艺上具有很高的研究价值。

在封建社会，这道门平时是不开的，只有在皇帝临幸、迎接圣旨、举行重大庆典或祭祀活动时才开启，故又称“仪门”或“塞门”。据说这样的塞门一般官宦人

孔府大堂

家是没有资格建造的，只有封爵的“邦君”才能享受这样的特殊待遇，故《论语八佾》中有“邦君树塞门”的记载。

重光门两侧的东西厅房，是孔府仿照封建王朝的“六部”而设立的六厅，分别为典籍厅、司乐厅、掌书厅、知印厅、管勾厅、百户厅。它们是负责处理日常事务的管理机构。

4．大堂

过了重光门，院中有一片台基，台基后便是宽敞的正厅，这就是孔府大堂。这是当年衍圣公府迎接圣旨、接见官员、处理重大公务、申饬家法族规的地方，也是在节日、寿辰等举行仪式的地方。

大堂系明代建筑。厅堂共 5 间，进深 3 间，高 11.5 米，长 28.65 米，宽 16.12 米。灰瓦覆顶，脊施瓦兽，九檩四柱前后廊式木架，具有明时风格。大堂内设有八宝朱红暖阁、虎皮太师椅，椅前窄长而高大的红漆公案上，摆着文房四宝、印盒、签筒等。大堂正中悬挂“统摄宗姓”匾，是清顺治帝所赐，上面记有顺治六年（1649 年）谕旨，令衍圣公“统摄宗姓，督率训励，申饬教规，使各凛守礼度，无玷圣门”，规定了衍圣公在孔氏家族中的种种特权。大堂两侧及后墙陈设有正一品爵位的仪仗，如历代赏赐的金瓜、钺斧、曲枪、雀枪、钩镰枪、朝天镫、云牌、云锣、龙旗、凤旗、虎旗、伞、扇等仪仗。还有象征其封爵和特权的官衔牌，如“袭封衍圣公”“光禄寺大夫”“赏戴双眼花翎”“赏穿带嗉貂褂”“紫禁城骑马”“奉旨稽查山东全省学务”等等。旧时，每当衍圣公出行时，都有专人执掌，以显示出他的威严及特权。

孔府二堂

5．二堂

位于大堂之后，因此也被称为后厅。以穿廊与大堂相连接，两堂呈“工”字形排列。是当年衍圣公会见四品以上官僚及受皇帝委托每年替朝廷考试礼学、乐学及

“诗书礼乐”牌匾

童生的地方。

二堂系明代建筑，厅堂共 5 间，高 10.2 米，长 19 米，宽 7 米。室内上悬清圣祖康熙帝手书蓝底金字“节并松筠”匾和清高宗乾隆皇帝手书“诗书礼乐”匾，两旁立着几块石碑，为清道光、咸丰帝和慈禧太后御笔诗画等。其中慈禧太后手书的“寿”字碑、“九桃图”“松鹤图”等，是清光绪二十年（1894 年），衍圣公孔令贻及其母、其妻赴京专程为慈禧祝寿时赏赐的。

二堂两头的梢间以板墙分隔，东为启事厅，西为伴官厅。

慈禧送给孔府的“寿礼”

孔府内宅门

6．三堂

位于二堂之后，又称“退厅”“退堂”，是衍圣公接见四品以上官员的地方，也是他们处理家族内部纠纷和处罚府内仆役的场所。据孔府档案记载：“孔氏族人和佃户、仆役犯法，孔府可自行审讯、行刑、断结。”

三堂为明代建筑，面阔五间，高 9.95 米，长 27.42 米，宽 11.8 米。堂内设公案，摆放印、签、文具等，两侧摆放铜镜等物品。正中悬挂有清高宗乾隆御书“六代含饴”匾额。

三堂两头的梢间以实墙分隔。东间为衍圣公接待一般客人的地方，西间是撰写奏章的地方。

此院的东西配间各有一进院落，东为册房及司房，册房掌管公府的地亩册契，内为司房，掌管公府的总务和财务；西为书房，为当年公府的文书档案室。

7. 内宅门

三堂之后，便是孔府的内宅部分，亦称内宅院。为划清官衙与住处的界线，特意在此立一道禁门——内宅大门。此门也是明代建筑，高 6.5 米，宽 6.10 米。

此门戒备森严，凡 7 岁以上男子及任何外人若未经准许，俱不得擅自入内。清朝皇帝特赐虎尾棍、燕翅镗、金头玉

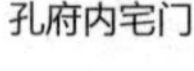

孔府内宅门

棍三对兵器，由守门人持武器立于门前，有不遵令擅入者严惩不贷，“打死勿论”之戒训至今仍高高挂在内宅大门上。

为了保持与外界的联系，在内宅门专设两种特殊岗位：差弁和内传事。各设十几人，轮番在门旁耳房内值班，随时向外和向内传话。门的西侧还有一个特制的露出墙外的曲形石槽，府内规定挑水夫不得进入内宅，只是把水倒入槽内，隔墙流入内宅。

进入内宅大门，就是内宅的二门，古时所谓的“大门不出二门不迈”指的就是这里。由此可见，封建礼教在此表现得是

孔府内宅门

前上房

何等的淋漓尽致！

8．前上房

明代建筑，位于“贪”壁正北方。院内正厅共7间，院两侧有东西厢房各5间，为府内收藏礼品的库房和账房。这里是孔府主人接待至亲和近支族人的客厅，也是他们举行家宴和婚丧仪式的主要场所。

前上房院内置有两口“吉祥缸”，又名“北海”，意为缸中水深似海，可以扑灭火灾。院内东西两侧各有一株茂盛的十里香树，房前有一大月台，四角各置有一个带鼻的石鼓，是古时府内戏班唱戏时扎棚的脚石。

前上房内，正中高悬“宏开慈宇”的大匾，中堂之上，挂有一幅慈禧亲笔书写的“寿”字。室内家具精美，文物古玩琳琅满目。东侧间，陈列着乾隆皇帝赐予孔府的荆根床、椅。桌上放置有同治皇帝的圣旨原件。还摆放着色彩鲜艳、花纹古朴的明代“景泰蓝”。西里间，为孔子七十六代孙、衍圣公孔令贻签阅文件的地方，桌上放有文房四宝，书架上还陈列着儒家典籍和孔氏家谱。

梢间，桌上摆设着一大套满汉餐具，共有404件。器皿上分别雕有鹿、鸭、鱼等，由此可见，旧时的孔府对饮食可是非常讲究的。

前上房内景

前堂楼

9．前堂楼

穿过前上房，过一道低矮的小门，便进入了前堂楼院。院内苍松挺拔，鱼池东西对列，恬静雅致，大有移步换景之感。前堂楼位于其中，是衍圣公住所。

此楼为清光绪十二年（1886 年）重建。7 间 2 层，高 13.1 米，长 30.96 米，宽 11.3 米，明次间为客厅，东西两套间为卧室。楼前有垂珠门，两侧有东西配楼，共 3 间 2 层，长 10.16 米，宽 6.5 米。

室内陈设布置仍保持着当年的原貌。中间设一铜制暖炉，为旧时冬天取暖用的器具。东间的“多宝阁”内，摆设着凤冠、人参、珊瑚、灵芝、玉雕、牙雕等。里套间为孔子七十六代孙、衍圣公孔令贻夫人陶氏的卧室，再里间是孔令贻两个女儿的卧室。七十七代孙、衍圣公孔德成 14 岁时写的“圣人之心如珠在渊，常人之心如瓢在水”的条幅，仍原封不动地挂在壁上。

10．后堂楼

清代建筑，光绪十二年重建。过前后抱厦，进入后堂楼院。后堂楼为 7 间 2 层台楼，东西两侧各有 2 间 2 层配楼，形制与前堂楼相同。后堂楼高 13.6 米，长

孔府后堂楼内景

31.23 米，宽 11.88 米，是孔子七十七代孙、衍圣公孔德成的住宅。东套间内部已于民国时期用新式天花板和地板改建。

室内陈列着孔德成夫妇结婚时的用品，以及当时友人赠送的字画和礼品。东里间为当时的接待室，摆设着中西结合的家具，里套间是孔德成和夫人孙琪芳的卧室。东墙上的镜框内镶有孔德成夫妇及儿女的合照，后堂楼西边的两间是孔德成夫人奶妈的卧室。

院内的房子是当年府内做针线活的地方，西楼是招待内客亲属的住宅。后堂楼西边还有一座楼，为佛堂楼，是衍圣公烧香拜佛的处所。后堂楼之后还有 5 间正房，

孔府后花园

叫后五间，旧称“枣槐轩”，原是衍圣公读书的处所，清末成为女佣的住宅。

11．后花园

孔府花园位于孔府北部，在孔府内宅后院。因清嘉庆年间七十三代衍圣公孔庆镕重建此园时为装点园景，在花园西北隅放置了数块形似山峰的铁矿石，因此又称“铁山园”。从此，衍圣公孔庆镕也以“铁山园主人”自称。

此花园建于明代弘治十六年（1503年），重修扩建孔府时同时修建，由当时身为太子太傅、吏部尚书、华盖殿大学士的李东阳监工设计。在修建完孔府

孔府后花园凉亭

和孔庙后，李东阳曾四次作诗填赋，勒碑刻铭，以记载这一盛举。到明代嘉靖年间，身兼太子太傅、吏部尚书、华盖殿大学士等职位，位列“一人之下，万人之上”的当朝首辅——严嵩取代了李东阳的位置，他也看中了孔府，把自己的孙女嫁给了孔子六十四代孙、衍圣公孔尚贤为一品夫人。严嵩又帮助衍圣公扩建重修孔府和整修花园，他倚仗自己的权势，从全国各地搜罗怪岩奇石、移植奇花异草，把它们装饰在孔府后园，从而使得此园更为壮观。

孔府花园从李东阳、严嵩到乾隆皇帝，前后三次大修，其间还有中修和小修，因

孔府后花园一角

孔府后花园一景

此花园越修越大，越来越壮观，占地达十余亩。园内南北小路将花园分为东西两区：西区有牡丹池、芍药园、竹林、铁山等景观；东区有翠柏书屋、荷花池、凉亭、水池等，水池南边为太湖石堆砌的假山。园内古树参天，环境清幽，的确是休闲的好去处。

后花园内现仍存有两大奇景：五柏抱槐和金光大道。五柏抱槐是一处具有近四百年历史的自然景观，一株柏树分五枝，中生槐树一株，的确是天下少见之奇观。同时，它们又神奇地诠释了孔子“仁爱至上”“和谐共处”的思想。有诗赞曰：“五干同枝叶，凌凌可耐冬。声疑喧虎豹，形欲化虬龙。曲

孔府后花园

孔府后花园一景

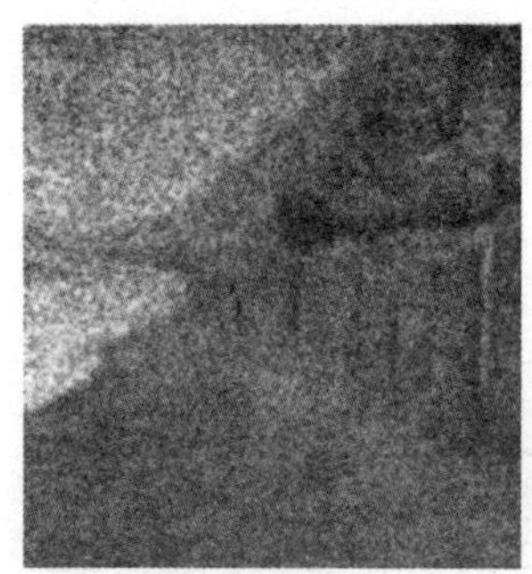
金光大道壁画（局部）

孔府天下第一家

径阴遮暑，高槐翠减浓。天然君子质，合傲岱岩松。”

金光大道是后花园照壁上的一幅画的名称，也称之“通天大道”。据说这是世界上第一幅透视画，相传为园内花工所作。这幅画的内容其实很简单：一

孔府凤树

汪水、一条路、一排树。其奇妙之处在于，它是利用焦点画法绘制而成的，因此，无论你站在哪个角度，画中的道路总在正前方，给人以前途无量、仕途坦荡之感。

另有两处人文景观分别是“阁老凳”与“贪壁”。

大堂后面有一穿廊与二堂相连。穿廊里放置有一条长红漆凳，人称“阁老凳”。此凳系当年严阁老来孔府坐候之物。虽不起眼，但也大有来历。据传，明代权臣严嵩数十年把持朝政，弄得朝廷上下怨声载道，晚年被弹劾，将被治罪时，曾到孔府来托衍圣公（即其孙女婿）向皇帝说情。

贪壁

可是衍圣公非但未应允，而且拒不接见。严阁老在此一坐就是几个时辰，现在所说的“坐冷板凳”就是这么来的。

进入内宅门，可见一影壁，影壁墙的反面，绘有一幅状似麒麟的动物，名叫“贪”，故此影壁也叫“贪壁”。相传，“贪”是天界的神兽，怪诞凶恶，生性饕餮，能吞金银财宝。尽管在它的脚下和周围全是宝物，但它仍不满足，还想吃掉太阳，真可谓贪得无厌了。过去官宦人家常将此画绘在日常容易见到的地方，借以提醒自己，引以为戒。孔府将“贪”画在此处，一出门即可看到，其用意是告诫子孙后代要严于律己，不要贪赃枉法。这幅画也可算是一条重要的家训吧。

三 孔庙

（一）简介

孔庙又称“至圣庙”，位于曲阜城区的中心，在孔府的西侧。孔庙是我国祭祀孔子的所有庙堂中，建造历史最为悠久、规模最大的一座，是我国最为主要的祭孔圣地。它是分布在中国、朝鲜、日本、越南、印度尼西亚、新加坡、美国等国家和地区两千余座孔子庙的范本。此庙初建于孔子死后第二年（公元前478年），鲁哀公以其故宅为基址，改建为庙。此后历代封建帝王不断追谥加封孔子，扩建庙宇。至清代，雍正下令按皇宫规制重新大修，于是扩建成了今天的规模。

孔庙内现存碑刻数量之多仅次于西

文庙前孔子像

文庙一景

安碑林，因此，它又有“我国第二碑林”之称，尤以汉魏六朝的碑刻称誉海内外，其中的汉代石碑数量居全国之首。当然，历代碑刻亦不乏珍品。

孔庙平面呈长方形，庙内共有九进院落，以南北为中轴，分左、中、右三路，纵长 630 米，横宽 140 米，有殿、堂、坛、阁 460 余间，门坊 54 座，“御碑亭”13 座。

孔庙与北京故宫、河北承德避暑山庄合称为中国三大古建筑群，其现存规模仅次于北京故宫，堪称中国古代大型祠庙建筑的典范。它在中国甚至是世界建筑史上都占有着极其重要的地位。1961 年国务院公布其为全国重点文物保护单位，1994年被联合国教科文组织列入世界文化遗产名录。

（二）碑刻、石刻

孔庙保存汉代以来历代碑刻1044块，都是历代帝王尊孔祭孔的见证。其中有封建皇帝追谥、加封、祭祀孔子和修建孔庙的记录，也有王侯将相、文人学士谒庙的诗文题记，所题文字有汉文、蒙文、满文等等，书体也是多种多样，是研究封建社会政治、经济、文化和书法、碑刻艺术不可多得的珍贵资料。

孔庙有汉碑和汉代石刻二十余块，是中国保存汉代碑刻最多的地方。其中

文庙大成殿石墙上雕刻的千手观音像

礼器碑、孔器碑、史晨碑等是汉时隶书的代表作，张猛龙碑、贾使君碑是魏体的楷模。此外还有孙师范、米芾、党怀英、赵孟頫、张起岩、李东阳、董其昌、翁方纲等人的书法，元好问、郭子敬等人的题名，孔继涑搜集历代书法家作品整理或临摹而成的大型书法丛帖——玉虹楼法帖（百一帖）等。

孔庙著名的石刻艺术品有汉画像石、明清雕镌石柱和明刻圣迹图等。汉画像石有九十余块，题材丰富广泛，既有对人们社会生活的记录，也有对历史故事、神话传说的描绘。雕刻技法多样，有浅刻、有浮雕。风格严谨精细，线条流畅，造型优美。其中，石雕的精品是浮雕龙柱，大成

文庙大成殿前龙形浮雕斜台阶

殿前檐十柱，每柱高达六米，极其难得。崇圣祠前面两柱，雕刻技巧可谓巧夺天工。另外圣时门、大成门、大成殿的浅浮雕云龙石陛也具有很高的艺术价值。圣迹图石刻共一百二十幅，是我国较早的大型连环画之一，它从《论语》《孟子》及《史记》中取材，生动地记录了孔子一生的行迹：从孔母在尼山祈祷、生下孔子直到孔子死后、弟子庐墓为止，具有很高的历史价值和艺术价值。

孔庙碑刻是中国古代碑刻、石刻艺术及古代书法艺术的宝库。

文庙大成侧殿石礅

重庆壁山文庙大成殿顶

（三）建筑特色及特色建筑

孔子去世后，孔庙起初是以宅为庙，其功能也仅限于“藏孔子衣冠琴车书”。此后，经历代统治者的不断抬举，才逐步改变了宅庙的性质，使之成为官设庙堂，也成了封建统治者宣扬孔孟之道的工具。两千多年来，屡毁屡建。至清末民初，孔庙终于被营造成了一座世所罕见的具有丰富内涵和特殊意义的庞大建筑群。

孔庙由一百余座四百六十余间建筑组成，古建筑面积大约有16000平方米，分别建于金、元、明、清及民国时期。建筑风格为中国传统的古典式，雕梁画栋，琉

文庙大成殿围墙上的象头石雕

璃瓦覆顶，飞檐斗拱。建筑布局为中轴对称式，布局严谨。整个孔庙的主要建筑沿中轴线南北对称排列，向两侧均匀铺开；在空间布局上也是层次分明，主体建筑大成殿雄踞中央，周围建筑错落有致，前拱后卫。整个建筑群布局合理，疏密有致，气势恢弘。庭院中以古树来点缀，高耸挺拔的苍桧古柏间辟出一条幽深的甬道，既使人感到孔庙历史的悠久，又烘托出孔子思想的深奥。

孔庙的建筑既仿帝王宫殿之规制，又有着其特殊的思想内涵。其中供奉的孔子及其弟子、再传弟子及历代受儒家推崇和对儒学发展作出过贡献的先贤们，无不体现出儒家思想在封建社会中无可取代的地位。一座孔庙，也可以说是儒家思想在封建时代所处地位的物化象征。

孔庙是我国历代封建王朝祭祀春秋时期思想家、政治家、教育家孔子的庙宇，位于曲阜城中央。它是一组具有东方建筑特色、规模宏大、气势雄伟的古代建筑群。孔庙内最为著名的建筑有：棂星门、二门、奎文阁、杏坛、大成殿、寝殿、圣迹殿、诗礼堂等。孔庙内的圣迹殿、十三碑亭及大成殿东西两庑，陈列着大量碑碣石刻，是中华民族的宝贵财富。

1．金声玉振

这是曲阜孔庙第一道坊——金声玉振

台南孔庙外景

文廟

坊。

孟子赞孔子，曾言道：“孔子之谓集大成。集大成也者，金声而玉振之也。金声也者，始条理也；玉振之也者，终条理也。”以此表明孔子的思想集古圣先贤之大成。据此，后人把孔庙门前的第一座石刻牌坊命名为“金声玉振”，以此来纪念孔子在我国历史文化长河中所作出的巨大贡献。

金声玉振牌坊

此石坊由四根八角形石柱支撑，石鼓夹抱，柱顶上雕饰有莲花宝座，宝座上方各蹲踞一个雕刻古朴的独角怪兽“辟天邪”，也称“朝天吼”。两侧坊额浅雕云龙戏珠，明间坊额为“金声玉振”四个大字，笔力苍劲，为明嘉靖十七年（1538 年）著名书法家胡缵宗题写的。

石坊后面是一座单孔石拱桥，这就是泮桥。桥面是二龙戏珠的石阶，桥下清流呈半圆绕过，叫泮水。如今，只见泮桥不见水了。

泮桥后两侧各立有一幢石牌，上刻“官员人等至此下马”，人称“下马碑”。此碑立于金明昌二年（1191 年）。旧时文武官员、庶民百姓从此路过，必须下马下轿，以示尊敬，就连皇帝祭祀孔子也要下辇前

棂星门

行，由此可见，孔庙在封建社会所处的地位是何等的崇高。

2．棂星门

棂星门在泮水桥后，是孔庙的第一道大门。棂星，本来也称灵星，又称天田星。汉高祖刘邦为了百姓安乐，祈求风调雨顺，就命令把祭祀灵星作为祭天的头等大事。此后，儒家也把孔子与天相提并论，把祭祀孔子当做祭天一般来对待，尊孔如同尊天。于是就在孔庙设门“灵星”，用以祭祀孔子。后人见门的形状又好似窗棂，于是又改称“棂星门”。

棂星门始建于明代，原为木质结构，

棂星门

清乾隆十九年（1754年）重修时改为石质，系四楹三间冲天柱式石坊。四根圆石柱中雕饰有祥云图案，顶上雕有怒目端坐的天将，左右接墙垣。坊高10.34米，前后石鼓夹抱。额坊上雕火焰宝珠，明间额坊由上下两层石板组成，上层刻绦环花纹，下层刻“棂星门”三个大字，此为清高宗乾隆皇帝亲笔题写。

棂星门里建有两座石坊，坊为汉白玉石所制。南为太和元气坊，建于明嘉靖二十三年（1544年），形制与金声玉振坊相同，坊额题字系山东巡抚曾铣手书，其用意在于赞颂孔子思想如同天地生育万物一样。北为至圣庙坊，意思是孔子是空前

圣时门牌匾

绝后、至高无上的圣人，明代时原刻有“宣圣庙”三字，清雍正七年（1729 年）改为现在的名字。

3．圣时门

圣时门，是进入孔庙的第二道门。此门为砖木结构，下部砖砌，始建于明永乐十三年（1415 年）。初时仅 3 间，明弘治年间重修时扩为 5 间，并设拱门。清代也有多次修缮，光绪二十三年（1897 年）得以大规模重修。现存圣时门，碧瓦覆顶，四面是深红的墙皮，门前御道设有石陛。从拱门内望，令人有高深莫测之感。

据载，孟子曾如此评价孔子：“孔子，圣之时者也。”意指在所有圣人之中，孔子是最适合时代潮流的人。据此，清世宗于雍正八年（1730 年）钦定孔庙此门为“圣时门”。

过圣时门，迎面三架拱桥纵跨，一水横穿，环水雕刻有玲珑的石栏。水为“璧水”，桥因之称“璧水桥”。桥的两侧偏南各立有一道门，都是为方便人们拜庙而添建的。东门为“快睹门”，取先睹为快之意，形容人们拜谒孔子的急切心情；西门叫“仰高门”，取自颜回赞孔子语：“夫子之道，仰之弥高，钻之弥坚。”意思是孔子的思想、学问十分高深，是别人可望而不可即的。

圣时门

弘道门牌匾

4．弘道门

位于壁水桥以北，是进入孔庙的第三道门。

明洪武十年（1377 年）始建，初时仅 3 间，为孔庙的大门，永乐十三年后成为二门。明弘治十三年重建，扩成 5 间，石柱木构。清初命名“天阶门”，雍正八年清世宗据孔子“人能弘道，非道弘人”，钦定命名为“弘道门”，以此来赞扬孔子把前圣贤的思想发扬光大，高度阐释了尧舜禹汤和文武周公之道。乾隆十三年高宗为之题写匾额。现存建筑高 9.92 米，长 17.28 米，宽 8.96 米。阔 5 间，深 2 间，基本保持了清代的面貌。

弘道门下有石碑两块，东面一块为“曲阜县历代沿革志”，记载了曲阜的历史沿革，具有相当高的史料价值。西面一块为“处士王处先生墓表”，是 1966 年移入孔庙保管的，有一定的书法艺术价值。

5．大中门

大中门，现为孔庙第四道门。大中门，原本也称“中和门”。中，取“中庸”之意，离开中者，就不是正道，意为用孔子的思想处理问题都可迎刃而解。它始建于

大中门牌匾

金代大定年间，初仅3间。宋代以前此门一直为孔庙大门，明弘治十三年重修并扩建为5间。现存建筑高9.42米，长20.44米，宽7.49米，绿琉璃瓦覆顶，系清代所建，清乾隆帝御书门匾。

大中门左右两侧各有绿瓦角楼一座，系元至顺二年（1331年）所建，明清重建。角楼立在正方形的高台之上，台之内侧有马道可以上下。这两座角楼同庙北墙两端的角楼相对称，也可以供守卫之用。

6．同文门

入大中门，迎面即为同文门。取“人同心，字同文”之意。另有一说，因孔子一生从事教育活动，晚年致力于讲学并整理我国古代文献工作，对我国文化的统一作出了重大贡献，故以“同文”命名。

此门始建于北宋初期，仅3间，为当时孔庙大门。金代成为二门。明代成化年间修建时扩为5间。清康熙年间名曰“参同门”，取孔子之德与天地参同之意。清雍正七年（1729年）改称“同文门”。现存同文门独立院中，两侧有回廊，左右与墙垣无粘连。高10.62米，长16.96米，宽9.34米，中间辟3门，单檐黄瓦歇山顶，七檩三柱分式木架。

此门属中国传统的宫殿式建筑，在主体建筑之前常有小型建筑作为屏障，以表示庄严，这是中国传统宫殿式建筑

同文门牌匾

奎文阁全景

的特色。在此，同文门就担当着奎文阁的重要屏障。“同文门”三字为清高宗乾隆亲手题写。

7．奎文阁

过同文门，即是孔庙的第五进院落。院北端一座高阁拔地而起，此即为奎文阁。它就是以藏书丰富、建筑独特而驰名中外的孔庙藏书楼。因其多收藏皇家所赐书、墨等，也曾被称为“御书楼”。

奎文阁为孔庙三大主体建筑之一，是历代帝王赐书、墨迹等的收藏之处。始建于宋天禧二年（1018年），始名“藏书楼”，当时仅重檐5间。金章宗在明昌二年（1191

奎文阁

年）重修时更名“奎文阁”。明弘治十二年扩建为7间3檐。乾隆十三年高宗弘历题匾。

奎文阁一景

古代，奎星为二十八星宿之一，《孝经》称“奎主文章”。于是，古人把孔子比作天上的奎星，后代封建帝王为赞颂孔子，遂将孔庙藏书楼命名为奎文阁。

现存奎文阁，高23.35米，阔30.1米，深17.62米，黄瓦歇山顶，三重飞檐，四层斗拱。其独特而合理的构造，使得此建筑异常坚固，历经数百年风风雨雨的侵袭依然无恙。尤其是在康熙年间的大地震中，曲阜“人间房屋倾者九，存者一”，而此阁楼竟丝毫无损，真不愧为我国古代著名楼阁之一。更为有趣的是，成语中的“钩心斗角”一词竟然就出自此阁：奎文阁的一角飞檐纵伸到了邻近的碑亭的两重飞檐之间，即为“钩心”，另一角则恰与旁边一阁楼的飞檐紧挨着相对而出，即“斗角”，形象而生动。由此，足可以看出我国古代劳动人民的高超智慧。

奎文阁石碑

奎文阁前置有两座御碑亭，共有四幢明代御碑。每幢高 6 米多，宽 2 米多，碑下的龟趺高 1 米多。碑文内容多为对孔子的尊崇。

奎文阁东南露天的“重修孔子庙碑”为成化四年（1468 年）明宪宗朱见深所立，因此亦称“成化碑”。上刻碑文极力推崇孔子思想，“朕惟孔子之道，有天下者一日不可暂缺”。碑文字体端庄，结构严谨，以精湛的书法著称于世。

奎文阁廊下东、西各有一幢石碑，东为《奎文阁赋》，由明代著名诗人李东阳撰文，著名书法家乔宗书写。西为《奎文阁重置书籍记》，记载了明正德六年（1511 年）刘六、刘七率农民起义军攻占曲阜、占领孔庙，“秣马于庭，污书于池”，将奎文阁藏书“焚毁殆尽”以后，皇帝“又

斋宿所

命礼部颁御书以赐”的情况。清代奎文阁中的藏书又有增添，清晚期将藏书移入孔府保存。

8．斋宿所

奎文阁前东西两侧，有一座独立的院落，人称“斋宿所”。旧时，在祭祀孔子之前，所有的祭祀人员需斋戒沐浴，

十三碑亭

以此显示其虔诚之意。东院是“衍圣公”的斋宿所。清朝康熙、乾隆皇帝祭祀孔子时也曾在此沐浴，于是又称“驻跸”。嘉庆、同治时期均有重修，1959年维修并施彩画。现存东斋宿已非明代结构，而是清代官式小型建筑，厅房均为七檩四柱前后廊式木架。西院是从祭官员的斋宿所，清代中期，此斋宿所已废，其中并无建筑物，仅存院落。清道光十八年（1838 年），孔子七十一代孙孔昭薰将孔庙内宋、金、元、明、清五代文人谒庙碑共一百三十余块集中镶嵌在院墙上，改称“碑院”。碑碣流畅奔放、飘逸自如、丰润温雅、神采飞动、端庄典雅、质朴古拙，具有很高的艺术价值。

9. 十三碑亭

过奎文阁，为孔庙的第六进庭院，即十三碑亭院。该院落内矗立着十三座碑亭，专为保存封建皇帝御制石碑而建，通称“御碑亭”。南八北五，呈东西两行排列，在空间上显得参差错落有致。

十三碑亭

十三碑亭

各碑亭形制大同小异：平面呈方形，均为木构，黄琉璃瓦顶，重檐八角，檐牙高啄，彩绘斗拱。其中金代碑亭两座，呈正方形，约建于金明昌二年至六年（1191—1195年）的大修工程中，是孔庙现存最早的建筑；元代碑亭两座，分别建于元大德六年（1302年）和元至元五年（1268年）；清代碑亭九座，分别建于康熙、雍正、乾隆年间。十三碑亭院两侧，东建有毓粹门，西建有观德门，专供人出入。于是，人们仿照皇宫之名，分别称其为东华门、西华门。

亭内现存碑55方，分别为唐、宋、金、元、明、清、民国年间所刻。各亭石碑多

十三碑亭

以似龟非龟的动物为趺，据说这种神物能负重，寓意为长久。碑文内容大多是皇帝对孔子追谥加封、拜庙亲祭、派官致祭和整修庙宇的记录，分别由汉文、蒙古文、满文等文字刻写。其中，最古老的是两座唐碑，一是唐高宗总章元年（668 年）的“大唐诰赠泰师鲁先圣孔宣尼碑”，一是唐玄宗开元七年（719 年）的“鲁孔夫子庙碑”，这两座皆位于南排东起第六座金代碑亭中。最大的一座是清康熙二十五年（1686 年）所立的“修建阙里孔庙碑”，这块碑重约 35 吨，加上碑座的龟趺及水盘，重约 65 吨。据说，康熙皇帝为显示对孔子的敬重，刻意从北京的西山采来这块巨石。在当时的技术条件下，能将此碑安然运抵相距千里的曲阜，不能不令人称奇，也足见封建帝王对儒学的推崇之意。

孔庙大成殿盘龙柱

另外，十三碑亭院的东南、西南部，各有一片碑碣。北墙朱栏内还镶着大量刻石，均为历代帝王大臣们修庙、谒庙、祭庙后所刻，真草隶篆，各有千秋，具备一定的艺术价值。

10．大成门

此为孔庙第七道门，曾叫“仪门”，又称之为“戟门”。取自孟子语：“孔子之谓集大成。”赞颂孔子达到了集古圣先贤之大成的至高境界。

自北宋至清代，大成门多次毁于大火，又经多次重修、改建。现存建筑为清雍正年间改建，高 13.53 米，长 24.68 米，宽 11.2 米，单檐黄瓦歇山顶，七檩三柱分心式木架，彩绘斗拱，擎檐为石柱。大成门台基高 1.65 米，石须弥座，其上所刻卷草和云纹俱构图匀称，线条柔和。门前后各有六级台阶，中用石陛，浅浮雕云龙山水，雕刻亦非常精美。大成门石陛两侧掖门各 3 间，有廊与两庑连檐，既突出了大成门

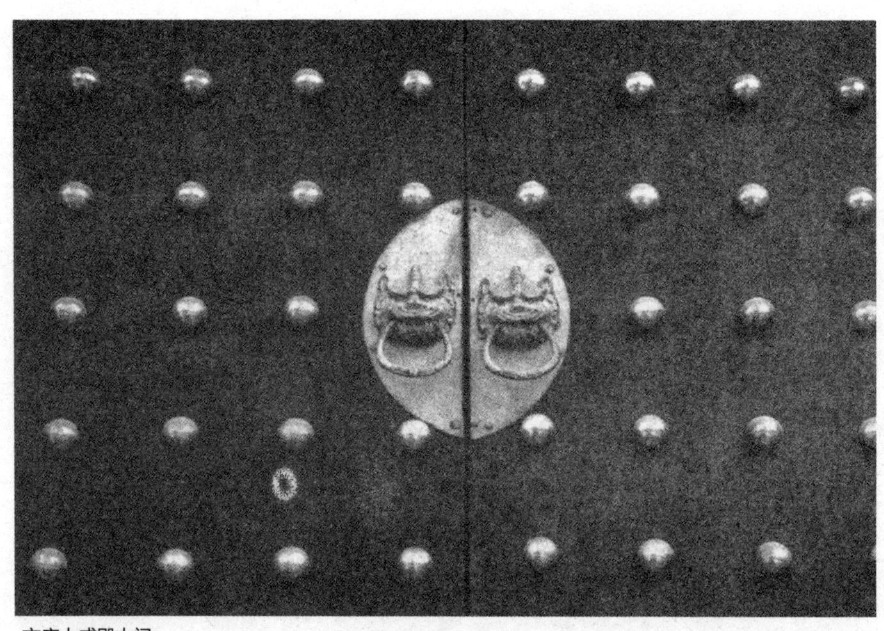
文庙大成殿大门

作为正门的地位，同时又使其看起来不至于太单调，设计非常巧妙。大成门是孔庙建筑组群中最华丽的，窗棂、斗拱、狮座等木作，都十分细致精巧。但其门柱却不像一般庙宇般刻写对联，据说是因恐被讥为在“夫子面前卖文章”。

大成门的左、右两厢分别为名宦祠、乡贤祠，用以纪念对当地历史文化发展有重大贡献的官员、贤者、名士等。大成门内石陛东侧有手植桧，高达 16 米，相传为孔子亲手所植（此手植桧曾毁于康熙年间的一次大火，今存桧树，为清雍正年间复生）。树旁立有“先师手植桧”

孔庙杏坛

石碑一方，系明万历二十八年（1600年）杨光训所题。

11．杏坛

杏坛位于大成殿前面，专为纪念孔子办学设教而建造的纪念物。相传此地为孔子曾经讲学之处。

宋时，孔子第四十五代孙孔道辅增修祖庙，“以讲堂旧基甃石为坛，环植以杏，取杏坛之名名之”。由此可见，“杏坛”实际是指“孔子讲学的地方”，现在也多指教书育人的地方。

杏坛为金代始建，元至元四年（1267年）重修，现存建筑为明隆庆年间修建。

高12.05米，阔7.34米，平面呈正方形，四面敞开，每面3间。杏坛四周围以朱栏，四面歇山，十字结脊，黄瓦重檐。亭内细雕藻井，彩绘金龙，其中还有清乾隆“杏坛赞”御碑。可见其规格很高。

坛前置有精雕石刻香炉，高约一米，古色古香，为金代遗物。

12．两庑

“两庑”，是指位于大成殿殿庭东西两侧的房子，是后世供奉先贤先儒的地方。两庑供奉孔子弟子及历代先贤先儒共156人。具有这配享资格的贤儒们大都是孔子弟子及后世历代儒家学派中的著名人士，如董仲舒、韩愈、王阳明等等。现今，两庑中还陈列有历代石刻。

两庑

唐代孔庙已有两庑，当时仅奉20余人，经过历代增添变更，到民国时，已多达156人。供奉在此的最初为画像，金代明昌二年改两庑画像为塑像，明成化年间一律改为署有名字的木制牌位，供奉在一座座神龛中。

现存“两庑”为清雍正年间重建，当是依循明弘治年间的规制，两庑连同转角掖门共100间，每侧正面均为40间，长170米。木架用七檩四柱前后廊式，屋顶用绿色琉璃瓦，以黄色琉璃剪边，是殿庭院落中规格最低的建筑。

文庙大成殿

如今，东庑中还保存有40余方汉、魏、隋、唐、宋、元时的碑刻，最为珍贵的是其中的22方“汉魏北朝石刻”。西汉石刻，首推“五凤”；东汉石刻，以“礼器”“乙瑛”“孔宙”“史晨”碑为隶书珍品；北朝以“张猛龙”碑为魏体楷模。西庑内陈列的100多方“汉画像石刻”，也是久负盛名的艺术珍品。这些石刻内容丰富，既有神话传说中的青龙、白虎、朱雀、玄武神兽，也有反映当时社会的耕作、捕捞、歌舞、杂技、行医、狩猎等日常生活的作品，是研究我国汉代社会生活的珍贵史料。

东、西两庑北端陈列“玉虹楼法帖石刻”，共刻石584块，是清乾隆年间孔子后裔孔继涑搜集了历代著名书法家的手迹整理、临摹及精刻而成的。这些石刻原被弃置在曲阜“十二府”的玉虹楼下，故名“玉虹楼法帖石刻”，拓片装订为101册，即称“玉虹楼法帖”或“百一帖”，1951年移入孔庙，1964年装镶展出，供书法爱好者欣赏。石刻的技法，有的细致精巧，有的粗犷奔放，各具特色，各有千秋，可称得上是一笔价值不菲的财富。

文庙大成殿

13．大成殿

大成殿位于杏坛的北面，是孔庙的正殿、核心，也是孔庙中的主体建筑。大成殿和故宫太和殿、岱庙天贶殿并称为东方三大殿。据说，这大成殿的建筑规格甚至超过了故宫太和殿。

大成殿始建于唐代，因孔子曾被封为文宣王，故又称文宣王殿，共有5间。宋天禧五年（1021年）大修时，移至现址并扩大为7间。宋崇宁三年（1104年）徽宗赵佶取《孟子》的“孔子之谓集大成”语义，下诏更名为“大成殿”。现存大成殿为清雍正二年（1724年）重建。殿高24.8米，长45.69米，宽24.85米，坐落在2.1米高的殿基上，双重飞檐正中海蓝色的竖匾上刻清雍正皇帝御书“大成殿”

三个贴金大字，为全庙最高建筑。

孔子雕像

瓦色、开间、彩画均采用最高规格。重檐九脊，黄瓦覆顶，金龙和玺彩画，雕梁画栋，殿基须弥座，重层石阶，两层栏杆。大殿木构架结构简洁整齐，柱网由外、中、里三圈柱列构成，外圈环绕为廊，共立有 28 根石檐柱，高 6 米，直径 0.8 米；中圈为 16 根木金柱，高 15 米；内圈为 16 根木金柱，高 18 米。其中，外圈所立 28 根石柱，均以整石刻成。前檐的 10 根为高浮雕，每柱两龙对翔，盘绕升腾，中刻宝珠，四绕云焰，柱脚缀以山石，衬以波涛。两山及后檐的 18 根八棱磨浅雕石柱，以云龙为饰，每面浅刻 9 条团龙，每柱 72 条，共 1296 条。

图案造型优美，刀法刚劲有力，雕刻玲珑剔透，是我国独有的石刻艺术瑰宝。相传清乾隆皇帝来曲阜祭祀孔子时，石柱均以红绫包裹，不敢被皇帝看到，生恐皇帝会因其规制超越皇宫而降罪。

大殿正中，供奉有孔子塑像，坐高 3.35 米，头戴十二旒冠冕，身穿十二章王服，手捧镇圭，一如古代天子礼制。两侧为四配，东位西向的是颜回和孔伋，西位东向的是曾参和孟轲。再外为十二哲，东位西

文庙前香炉

向的是闵损、冉雍、端木赐、仲由、卜商、有若，西位东向的是冉耕、宰予、冉求、言偃、颛孙师、朱熹。四配塑像坐高2.6米，十二哲塑像坐高2米，均头戴九旒冠，身穿九章服，手执躬圭，一如古代上公礼制。塑像都放置于木制贴金神龛内。孔子像单龛，施十三踩斗拱，龛前两柱各雕一条降龙，绕柱盘旋，栩栩如生，雕工细腻，异常精美。四配十二哲两位一龛，各施九踩斗拱，龛前都有供桌、香案，摆满祭祀时使用的礼器。殿内还陈列着祭祀孔子时所用的乐器和舞具。殿外悬有10块匾额、3副对联，正中是清雍正皇帝所题的“生民未有”匾额，殿内正中是康熙皇帝所题的“万世师表”和光绪皇帝题农牧民的“斯文在兹”匾额，南面悬挂着乾隆皇帝题书的“时中立极”等匾额。每块匾额长6米多，高约2.6米，雕龙贴金，精美华丽。

大成殿的建筑艺术，显示了我国劳动人民的才华和智慧，是中华民族的宝贵财富。

14．寝殿

孔庙有三大建筑，分别为大成殿、奎文阁及寝殿。寝殿位于大成殿后面，

寝殿

是供奉孔子夫人亓官氏的专祠。

寝殿，始建于唐代，早期曾有塑像，现存建筑为清雍正八年（1730 年）重建。采用木石混合结构，面阔 7 间，深 4 间，间金妆绘，枋檩游龙和藻井团凤均由金箔贴成，回廊 22 根擎檐石柱浅刻凤凰牡丹，一如皇后宫室规制。殿内神龛木雕游龙戏凤，精美异常，龛内有木牌，上书“至圣先师夫人神位”，龛前置供桌。

亓官氏，也有的作并官氏，宋国人，鲁昭公九年(公元前 533 年)嫁与孔子，鲁哀公十年(公元前 485 年)去世。关于她的情况古籍记载很少，直到大中祥符元年（1008年），才被宋真宗赵恒追封为“郓国夫人”，元至顺三年（1332年）又被加封为“大成至圣文宣王夫人”，明嘉靖八年（1529年）孔子改称“至圣先师”，她也被称为“至圣先师夫人”。她又被儒家后世尊为“圣母”。孔子死后，“即孔子所居之堂为庙”，亓官氏才得以同孔子一起被祭祀。

15．圣迹殿

位于寝殿之后，独成一院，是孔庙第九进院落，也是最后一进。此殿系明万历二十年（1592年）巡按御史何出光主持修建的。清康熙、雍正、乾隆、嘉庆、同治年间均有维修。

殿高12.55米，长30.69米，宽10.12米，单檐绿瓦歇山顶。修建圣迹殿的目的就是为了保存《圣迹图》。圣迹图石刻，每幅宽约38厘米，长60厘米，嵌在殿内壁上，共有120幅之多。《圣迹图》，

圣迹殿

其实是一部以编年为顺序，介绍孔子生平事迹的连环画。其中所采集的孔子故事，题材多来源于《论语》《孟子》及《史记》这几部书。它所记录的“圣迹”从颜母在尼山祈祷生下孔子，到孔子死后弟子庐墓为止，并附有汉高祖刘邦、宋真宗赵恒以太牢祀孔子两幅画，是我国第一本内容丰富，具有完整人物故事的传记式石刻连环画，具有很高的历史价值和艺术价值。

犍为文庙石刻

除此之外，圣迹殿内现存有“万世师表”石刻，是清康熙皇帝手书。字下正中为唐代大画家吴道子著名的“孔子为鲁司寇像”，左边是晋代名画家顾恺之所绘的“先圣画像”，习称“夫子小影”，据说“小影”在孔子像中最接近孔子原貌。殿内还有宋代书法家米芾篆书的“大哉孔子赞”，还有清康熙、乾隆皇帝的御制碑。

（四）全国各地的孔庙

孔庙也称文庙，是中国古代用于祭祀孔子和推广儒家教化而兴建的重要礼制性建筑，几乎遍布全国各地。据史料记载，明代时，全国就有府、州、县三级文庙约1560 座，清代则增至 1800 余座。目前，海外一些国家和地区也出现了很多纪念孔

北京孔庙

子的孔庙（或文庙）。

除山东曲阜的孔庙外，我国还有其他许多著名的孔庙（或文庙）：如北京孔庙、浙江衢州孔庙、云南建水文庙、南京夫子庙、天津文庙、福州文庙、泉州文庙、广东德庆文庙、四川德阳文庙等等。

1．北京孔庙

北京孔庙，又名“先师庙”，位于北京东城区国子监街。始建于元成宗大德六年（1302年），大德十年（1306年）完工。依据旧时“左庙右学”的礼制，接着在孔庙西侧建国子监（也称太学）。明永乐九年（1411年）重建并修缮了大成殿。此后，明宣德、嘉靖、万历年间分别对其进行整治、修复，并增建了崇圣祠。清顺治、雍正、乾隆时又有重修，尤其是乾隆二年（1737年）皇帝亲谕孔庙使用最高贵的黄琉璃瓦顶，只有崇圣祠仍用绿琉璃瓦顶。此时，北京孔庙已显出它的与众不同了。光绪三十二年（1906年）升祭祀孔子为大祀，孔庙再次得以大规模地修缮，此次工程一直延续到民国五年（1916年）才最后竣工。至此，才有了今天的规模和格局。

此庙规模宏伟，占地约2.2万平方米，成为仅次于山东曲阜孔庙的全国第二大孔庙。此庙内的主体建筑都覆以黄色琉璃瓦，是封建社会的最高建筑规制，现存房屋280余间。历史上虽然屡经重修、改建，但其结构基本上仍然保持元代风格。整座孔庙分前后三进院落，采用了主体建筑沿中轴线分布，左右对称的中国传统建筑布局。中轴线上的建筑依次为先师门、大成门、大成殿、崇圣门及崇圣祠。

此庙历经七百多年的历史文化积淀，遗留下来众多珍贵的文物，成为研究孔子儒学和中国古代科举的重要史料和实物。

北京孔庙大成殿

北京孔庙

在孔庙的第一进院落现存有198方进士题名碑，这些题名碑上刻着元、明、清三代各科进士的姓名、籍贯等，共计51624人。其中有很多是我们熟知的，如于谦、严嵩、纪昀、刘墉及近代名人刘春霖、沈钧儒等。这些碑刻是研究中国古代科举制度的重要文献资料。另外，在孔庙与国子监（即太学，古时的皇家大学）之间的夹道内，有一处由189座高大石碑组成的碑林。石碑上篆刻着儒家经典：《周易》《尚书》《诗经》《周礼》《仪礼》《礼记》《春秋左传》《春秋公羊传》《春秋谷梁传》《论语》《孝经》《孟子》《尔雅》等，因此也称为“十三经石碑”，是康熙年间江苏金坛贡生蒋衡手书，历时12年，共63万字。再加上康熙御书的“大学碑”共190块。原立于国子监六堂，1956年移置此处。这些石碑都是研究孔子儒学的珍贵史料。

此庙内另有一独特的人文景观——辨奸柏，也称之为“触奸柏”，是孔庙内最大的一棵柏树。据说是元代国子监祭酒许衡所植，已有近七百年的历史，至今仍繁枝盘错，挺拔苍翠。相传，明朝奸相严嵩代嘉靖皇帝祭孔时，行至树下，树枝揭掉了他的乌纱帽，人们便认为这株柏树有灵性，能够辨别忠奸与善恶。

触奸柏

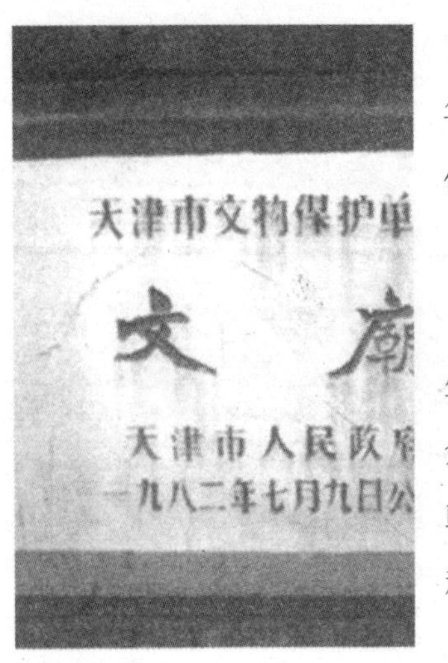

天津蓟县文庙

北京孔庙自1928年起对外开放。中华人民共和国成立后，被列为市级文物保护单位，后为首都博物馆。

2．天津蓟县文庙

文庙位于天津市蓟县城关镇西北方，坐落在县城鼓楼北大街西侧，占地两千余平方米。现存主体建筑大成殿、东西庑、戟门、泮池、登瀛桥、棂星门、名宦祠和乡贤祠等建筑。属县级文物保护单位。

蓟县的文庙始建于隋，金天会、正隆年间对文庙进行了修缮，现存有当时的《重修宣圣庙碑记》。明朝时，文庙有大成殿、东西庑、棂星门、戟门等建筑及设施。明洪武、成化、嘉靖年间多次对其进行整修。到了清朝，历任知州又屡次重修和增建。重修了大成殿、戟门、棂星门和东西庑，增建了照壁、泮池、登瀛桥、名宦祠、乡贤祠、启圣祠、节孝祠、尊经阁等建筑。民国期间，又整修大成殿、东西庑和棂星门。

蓟县文庙现存主体建筑为大成殿。面阔五间，前后出廊，用七檩。顶部为硬山筒瓦，台基为条石垒砌。殿前有月台，是祭祀孔子的场所。台前石阶、甬路与戟门相接。戟门面阔三间，用五檩；

顶部硬山筒瓦；台基石料均为大青石。东西两庑台基与月台高度一致，各五间，前出廊用六檩，硬山合瓦。大成殿、东西庑与戟门构成四合院。

戟门东侧有名宦祠，面阔三间，墙壁上镶有赵孟頫书《醉翁亭记》碑。西侧为乡贤祠，戟门前有泮池，池上有并排石拱桥三座，称登瀛桥。泮池前有棂星门，石质，四柱三门。

蓟县人杰地灵，相传上古之广成子修炼于城北崆峒山，黄帝曾两次问道于此。汉初韩信的谋士蒯彻，三国时隐士田畴均出自蓟县。隋唐开科取士以来，蓟县更是人文荟萃，有五代“教五子，名俱扬”的窦燕山，有“半部《论语》

蓟县文庙

平遥古城文庙外景

治天下”的宋代第一宰相赵普。在明、清《蓟州志》中，列入进士、举人、贡生、监生名录的人数达785人。至今，在蓟县城中的魁星楼、文昌宫、学宫、书院、考棚、进士牌楼等旧名遗迹及文物建筑，无不反映了古代蓟县人民尊儒奉孔之风尚。

四川德阳文庙

德阳文庙是中国西部地区保存最为完整、规模宏大又具有浓郁地方特色的文庙，素有“德阳文庙甲西川”之称，2001年6月被我国国务院公布为全国重点文物保护单位。

德阳文庙始建于南宋。明洪武元年

（1368 年）改建于现址。经成化、弘治、万历年间的多次修葺，已有宫墙、棂星门、大成门、大成殿（三楹）、崇圣祠（三楹）、东西庑（各三楹）、节孝祠、孝子祠、乡贤祠、名宦祠、名伦堂等建筑。明末毁于兵灾。清顺治十八年（1661 年）重建，康熙、乾隆、嘉庆年间又进行过多次修建和修葺。清道光二十八年至咸丰五年（1848—1855 年）又进行了大规模的修葺，现存建筑为清道光年间的格局。

德阳文庙占地面积 20800 平方米，有古建筑 20 余处。文庙坐北朝南，三进四合院、中轴对称布局。建筑布局以大成殿为中心，南北成一条中轴线，左右

德阳文庙外景

对称排列，由南向北中轴线依次为：万仞宫墙（照壁）、棂星门、泮池、泮桥、戟门（大成门）、礼乐亭、大成殿、启圣殿。两侧有“道冠古今”“德配天地”东西庑、东西御碑亭、东西配殿等。庙前为文庙广场，庙北有后花园。

德阳文庙主体建筑大成殿坐落在文庙中院，整个建筑雄伟、庄严、华丽，是文庙庭院中建筑最高、规模最大的古建筑。它建于清道光三十年(1850年)，面阔七间，进深四间，通高21米，为重檐歇山式屋顶，屋面系黄色琉璃瓦覆盖，正脊饰以飞龙，中间置宝顶。殿内有孔子、四配、十二哲塑像和祭孔祭器、礼器、乐器等。殿前有

德阳文庙孔子像

宽阔的祭台，可观赏场面盛大、古朴典雅的仿古祭孔乐舞。1990 年以来，德阳文庙按照清代格局和礼制恢复了祭孔乐舞表演。

德阳文庙以其宏大的规模、完整的建筑群、严谨的布局，成为我国西部地区文庙的代表性建筑。四个礼乐亭位于大成门与大成殿之间的中轴线两侧，排列在一条线上，内侧两座为重檐六角亭，外侧两座为重檐四方六角亭，造型各异，别具风格，在全国文庙中是独一无二的。棂星门为八柱五间冲天柱式石牌坊，造型别致，雕刻精美，是南方文庙石刻棂星门中的精品。“德配天地”“道冠古今”

德阳文庙

坊为砖式重檐坊，具有南方建筑风格，这与国内地县文庙中普通的木坊相比，独具地方特色。文庙后花园保存完好，这在文庙中也是极为罕见的。

德庆孔庙

4．广州德庆文庙

此庙位于岭南西江之滨的德庆县城，也称“德庆学宫”，是现今的全国重点文物保护单位。它是历史上德庆府的地方官学，是祭祀孔子和教学的场所，故学宫又称孔庙。元、明、清三朝屡次对其进行重修、改建。

德庆文庙形制甚备，今已形成的格局分东、中、西三路，其建筑规模极为宏伟，占地面积达 8000 余平方米。在长达约 144 米的南北中轴线上，由南向北组成一个长方形阵势的建筑群体。中路有棂星门、泮池、大成门、东西庑、杏坛、大成殿、崇圣殿、尊经阁，东路有明伦堂、萃秀堂、魁星阁等，西路由尊圣义祠等建筑物组成。

文庙主体建筑为大成殿，其规模雄伟。重檐灰瓦歇山顶，面阔、进深各五间，平面呈正方形，面积 304.3 平方米，殿高 19.4 米，保留着宋元时期木构建筑的风格和特点。殿脊灰塑，造型简朴。殿内梁柱结构，为元代重建时的原物。明间四根木

德庆孔庙春祭

质金柱不到殿顶，以 12 组斗拱承托平棋，起抬梁作用，成“四柱不顶”之势。殿内梁架左右两侧重檐下，均采用大丁伏结构，各省去中间两柱，这种架构为国内仅见。此殿是我国宋、元木构建筑不可多得的实例，对研究南方宋、元木构建筑和艺术有重要价值，被誉为“国之瑰宝”“古建瑰宝”。

德庆学宫，于 1962 年 7 月被广东省人民委员会公布为第一批省级文物保护单位。1996 年 11 月，被中华人民共和国国务院公布为第四批全国重点文物保护单位。

四 孔林

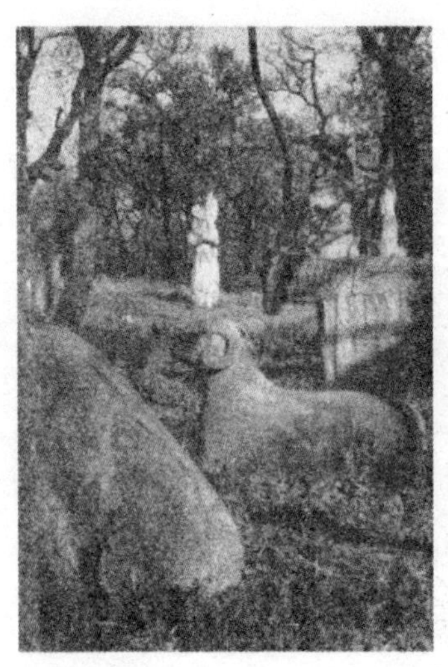
孔林明墓群

（一）简介

孔林，又称至圣林，位于曲阜城北约2公里处，是孔子及其家族的专用墓地，也是目前世界上历时最久、规模最大、保存最为完整的一处氏族墓葬群和人工园林。因此，也有“天下第一林”之称。

自公元前479年孔子葬于此地后，两千多年来其后裔接冢而葬，至今孔林内坟冢已达十万余座。不少墓前建有墓碑、墓表，有些建享殿、立石坊、置石碣等。此地的墓碑除去一批著名的汉代石碑被移入孔庙外，目前尚存有李东阳、严嵩、翁方纲、何绍基、康有为等历代大书法家的亲笔题碑，故而孔林又有“碑林”的美名，堪称碑刻艺术及书法艺术的宝库。

孔林周围筑有围墙，整个林墙长达七千多米，墙高三米多，墙厚约五米。林墙全部用灰砖砌成，占地三千余亩。墙内古树参天，枝繁叶茂。“墓古千年在，林深五月寒”，自子贡为孔子庐墓植树起，孔林内现已有树十万多株。相传孔子死后，“弟子各以四方奇木来植，故多异树，鲁人世世代代无能名者”。孔林内的一些古树，直到今天人们仍叫不出它们的

孔林石碑林

名字。其中柏、桧、柞、榆、槐、楷、朴、枫、杨、柳、樱花等树种，盘根错节；野菊、半夏、柴胡、太子参、灵芝等数百种植物，也在相应的季节显得生机无限。拥有如此丰富的林木资源，孔林不愧是一座天然的植物园。

这里既可考证春秋、秦汉之墓葬，又对研究我国历代政治、经济、文化的发展和丧葬风俗的演变有着不可替代的作用。郭沫若曾说："这是一个很好的自然博物馆，也是孔氏家族的一部编年史。"

为保护孔林，1961 年国务院公布其为第一批全国重点文物保护单位。1994 年 12 月，孔林被联合国教科文组织列入世界文化遗产名录。

（二）特色景观

孔林历经两千多年，丧葬从未间歇，至今林内墓冢遍地皆是，碑碣林立，石碣成群。又有万古长春坊、至圣林坊、孔子墓、享殿、楷亭、驻跸亭等胜迹。是现代人瞻仰古圣人的处所，同时也是游览的好去处。

1．孔子墓

位于孔林中偏南地段、享殿之后，是孔林的中心所在。孔子死后，弟子葬师时墓而不坟，到秦汉时才将坟筑起。现存孔子墓，四周环以红色垣墙，周长里许。封土东西30米，南北28米，墓高5米余，

孔子墓

孔林泗水侯墓

像隆起的马背，故又称马鬣封，是特殊而尊贵的筑墓方式。

墓前一大一小两块石碑。前面大碑篆书“大成至圣文宣王墓”，为明正统八年（1443 年）黄养正所题。后面小碑篆书“宣圣墓”三个字，立于 1244 年。

墓前有一石台，最初为汉代修砌，唐代时改为泰山运来的封禅石筑砌，清乾隆时又得以扩大。碑前有石供案、下酒池和石砌拜台以及砖砌花棂围墙等。

孔子墓东侧为其子“泗水侯”孔鲤墓葬，南侧为其孙“沂国述圣公”孔伋（子思）墓葬。这种特殊的墓地格局在古代称之为“携子抱孙”，源于古代俗话“怀子抱孙，

孔林孔子墓

世代出功勋”“子在父怀，富贵永远来”的说法。

墓东南有北宋赵恒、清康熙、乾隆等三帝跸亭各一座。

可惜的是孔子墓后来被毁，未能保留至今。

2．孔林神道（林道）

孔林中神道两端分别连接着曲阜城北门与孔林大门（即大林门），长达1266米，宽44米，两旁桧柏夹道，龙干虬枝，平直如矢，显得庄严肃穆。这些树木多为宋、元时期所植。林道中第一座高大建筑即为“万古长春”牌坊，其尽头为“至圣林”木构牌坊。由此往北是二林门，为一座城堡式的建筑，亦称“观楼”。

3. 万古长春坊

至圣林牌坊

位于孔林的林道上的第一道高大牌坊，始建于万历二十二年（1594 年），是神道中最重要的纪念性建筑物，也是曲阜现存最大的石坊。

此坊为石质结构，六柱五间五楼，其支撑的 6 根石柱上，两面蹲踞着 12 个神态不同的石狮子。牌坊长 22.71 米，宽 7.96 米。坊上雕有盘龙、舞凤、麒麟、骏马、祥云等精美纹饰，旁配二龙戏珠纹饰。庑殿顶坊中的“万古长春”四字，为初建时所题刻。清雍正年间重修加固后，又在坊上刻了“清雍正十年七月奉敕重修”的字样。整个石坊气势宏伟，造型优美。

万古长春坊两侧各有绿瓦方亭一座，亭内各立一大碑。东为“大成至圣先师孔子神道”，西为“阙里重修林庙碑”。两碑均为明万历年间官僚郑汝璧及连标等所立，甚是高大，碑头有精雕花纹，碑下有形态生动的碑趺。

4．至圣林坊

位于万古长春坊北面，这就是孔林的大门。始建于明代中期，清康熙年间重修。坊为木质结构，四柱三间三楼，以绿瓦覆顶。坊长 11.35 米，宽 4.4 米，坊明间花板上雕“至圣林”三字。坊前有明崇祯七年（1634 年）雕镌的石狮一对。

5．洙水河、洙水桥

洙水河位于孔林二门内，因流经孔子墓前，与“圣脉”攸关，故被后世誉为“灵源无穷，宜与天地共长久”的“圣水”。洙水原本是古代的一条河流，与泗水并称为“洙泗”，后来成为孟子发祥地的代称。

如今古洙水早已不在，只存河上三座石桥，中间的一座拱桥位于孔子墓前，名曰“洙水桥”。长 6.6 米，宽 25.24 米，桥面拱起。始建年代不详，明弘治七年（1494 年）增设栏杆。左右两小桥建于

孔林洙水桥

明弘治七年，为平型桥，习称“东平桥”“西平桥”，均有石栏。

桥前建冲天柱式石坊一座。坊四柱三间，明间坊额雕“洙水桥”三字。另两间刻二龙戏珠。四柱均为八棱形，顶各立蹲兽。西次间的石坊和屋脊于 1951 年修复时新补，边柱与石兽已更换。坊建于明嘉靖二年（1523 年），清雍正十年（1732 年）重修。

6．享殿

洙水桥北，先是一座绿瓦三楹的高台大门——挡墓门。位于挡墓门后、孔子墓前的就是享殿，这里是供奉孔子摆香案的地方。整个建筑也是采用中国古代传统

享殿外景

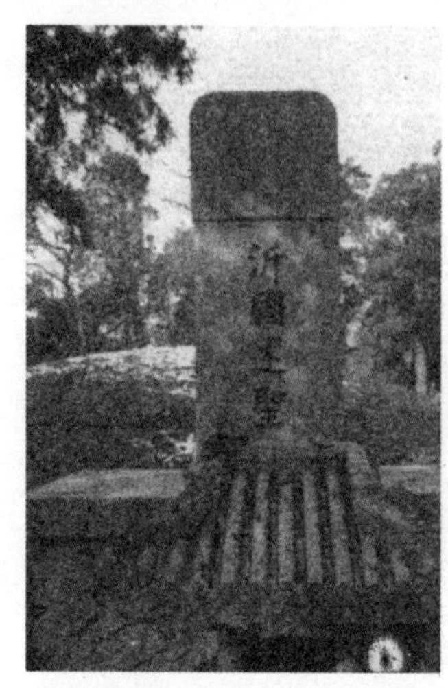

孔林沂国述圣公之墓

的建筑风格，五间九檩歇山黄瓦顶，前后廊式木架，檐下用重昂五踩斗拱。长24.18米，宽13.18米。明弘治七年（1494年）始建，明万历二十二年（1594年）、清雍正九年（1731年）、1977年重建。殿内现存清帝弘历手书“谒孔林酹酒碑”。

享殿前的甬道旁，有四对石雕，名为华表、文豹、角端、翁仲。华表系墓前的石柱，又称望柱；文豹，形象似豹，腋下喷火，用以守墓；角端，也是一种神话中的怪兽，传说可日行一万八千里，通四方语言，知人所不能知之事；翁仲，石人像，传为秦代骁将，威震边塞，后为对称，雕文、武两像，均称翁仲，用以守墓。两对石兽为宋宣和年间所刻，翁仲是清雍正年间刻制的，文者执笏，武者按剑。

7．于氏坊

除孔子墓外，孔林中最气派、墓饰规格最高的，要数其中唯一的一座女性牌坊——于氏坊。墓前高大的木制牌坊上书“容音褒德”。

这位于氏夫人是乾隆皇帝的女儿。相传，乾隆女儿脸上有黑痣，算命先生说：“她须嫁有福之人才可免去灾祸。”

孔令贻墓

朝中议定：圣人后代最为妥当。因当时满汉不通婚，皇帝便将女儿过继给协办大学士兼户部尚书于敏中，又以子女名义下嫁给孔子第七十二代孙衍圣公孔宪培。此坊为纪念于氏而立。

8．孔令贻墓

位于孔林东北部林路东侧。封土东西13米，南北9米，高2.8米，为一中型坟冢。墓冢因为没有过多的装饰，显得很朴素。墓石碑篆书“孔子七十六代孙袭封衍圣公墓燕庭先生之墓”。碑雕麦穗额、龙边，前设石雕供案、石鼎、帛池、酒池各一件。

9．孔尚任墓

位于孔林东北部，清雍正十三年（1735

孔林孔伋墓

年）四月立石。距孔林北墙约 150 米，封土东西 8.43 米，南北 7.7 米，高 3.13 米，为一中型坟冢。墓前石碑雕二龙戏珠图案，墓碑上书“奉直大夫户部广东清吏司员外郎东塘先生之墓”，即是孔尚任墓。墓前有石供案。

孔尚任 (1648—1718 年)，孔子第六十四代孙，字聘之，号东塘，自称云亭山人，是我国清初著名剧作家，其代表作是《桃花扇》。他出生书香门第，因屡试不第，中年隐居曲阜石门山。康熙二十三年 (1684 年)，康熙皇帝来曲阜祭孔时，他被孔府推荐为引驾官，并给皇帝讲经，深得褒奖，破格提升为国子

孔林远代诸墓望祭之坛

孔尚任墓前的桃花

孔林子贡庐墓

监博士。赴京任职期间曾到淮扬一带治河，通过吊古迹，访隐士，搜集野史逸闻，对南明王朝的覆灭经过有了深切的感受。回京后曾任户部主事、员外郎等职。闲暇时段致力于戏曲创作。1699年，其昆曲名剧《桃花扇》脱稿。王公显贵争相传抄，戏班竞相演唱，一时轰动京城。该剧以名士侯方域与名妓李香君的爱情故事为主线，广泛而深刻地反映了南明王朝灭亡的历史。次年孔尚任却被罢官。他一生著述甚丰，另有诗文《石门山集》《湖海集》《岸堂文集》等。

10．子贡庐墓处

子贡庐墓处，位于孔子墓西边，为纪念子贡庐墓而建。明嘉靖二年(1523年)建，清康熙年间重修。房屋共三间，长9.7米，宽5.42米，面向东方，五檩硬山灰瓦顶。房屋左前方立一石碑，上书“子贡庐墓处”。子贡，复姓端木，名赐，字子贡，是孔子最得意的门生之一，也是孔子弟子中最善于经商的。

据《史记》记载，孔子死后，弟子皆建庐守墓，服丧三年。三年期满，众弟子相继离去，只有子贡为感念师恩，在此又独自加守三年。后人为纪念此事，

孔林子贡手植楷碑

孔林子贡手植楷

也为宣扬尊师之道，特在此建屋三间，立碑一方。此即为“子贡庐墓处”。

11．子贡手植楷

亭殿之后，有一座灰瓦攒尖顶的方亭，称“楷亭”。亭内置一石碑，上刻一棵古老的楷树，即摹自其南侧的“子贡手植楷”。相传子贡为孔子“结庐守墓”，

孔林享殿

一守就是六年。其间，他将南方稀有珍木楷树移植于其师墓旁，以寄托他对老师的一片真情。楷树木质坚韧，树干挺直，以此来象征孔子为人师表，天下楷模。可惜在清康熙年间遭雷火焚毁，如今只剩残骸。

（三）相关资料

1．扩建历史

孔林，作为孔子及其后裔的专用墓地，两千多年来，孔子的嫡系子孙在此“接冢而葬”，如今已至76代，旁系子孙已至79代。随着孔子地位在社会上的不断提升，历代封建帝王不断对孔林进行赐田、重修、维护，孔林的规模从而得以不断扩大。据

通往孔林的神道

统计，自汉代以来，历代对孔林的重修、增修共有 13 次之多。这才使得其从最初的“墓而不坟”（无高土隆起）至“地不过一顷”，再到今天的宏大规模。

孔子卒于鲁哀公十六年 (公元前 479 年) 四月，弟子们将其葬于曲阜城北泗水之上，但那时还只是“墓而不坟”。

到了秦汉时期，虽将坟地进行了重修、扩建，但仍只有少量的墓地和几家守林人。东汉桓帝永寿三年（157 年），整修孔墓，在墓前增建了一间神门，一间斋宿。此时，孔林已初具规模，“地不过一顷”。宋代宣和年间，在孔子墓前修造石碣。元文宗至顺二年（1331 年），孔思凯主修了林墙，构筑了林门。明万历二十二年（1594 年），巡按连标、巡抚郑汝璧除修葺享殿斋室外，又在大林门之南神道上添建“万古长春”石坊和两侧碑亭。明洪武十年（1377 年）将孔林扩建为 3000 亩的规模。清代雍正八年（1730 年），再次大修孔林，据记载，共耗费官银 25300 两，重修了各种门坊，

孔林万古长春坊

孔林洙水桥

并派专人守卫。此时，孔林始成今天的规模，面积已达2平方公里。

此外，历代在孔林增植树木和扩充林地多次。

2．文化遗产

“断碑深树里，无路可寻看”，在万木掩映的孔林中，碑石如林，石碣成群，除一批著名的汉碑移入孔庙外，林内尚存有李东阳、严嵩、翁方纲、何绍基、康有为等明清书法名家亲笔题写的墓碑。因此，孔林又称得上是名副其实的碑林。

3．典故——洙水河、洙水桥

相传，孔子在73岁那年，预感到自己天命已尽，将不久于人世，在哀叹“太山坏乎！梁柱摧乎！哲人萎乎”之余，决定带领弟子出去勘选墓地，最终选定了曲阜城北的泗水河之滨，圈下了一块占地18亩的墓地。子路提出：“此处风脉虽好，可前面还缺条河。”孔子说：“不必忙，自有秦人来挖河。”孔子长逝之后，过了二百六十多年，秦始皇焚书坑儒。有人建议说：“要想让儒学消亡，应当先破坏孔子坟墓的风水。孔林里没有河，如果在孔子墓前挖一道河，将他和阙里故宅隔断，孔子就不能显圣了。”秦始皇一听，马上征派徭役，在孔子墓地南面挖了洙水河，正好为孔子效劳，完成了孔子墓的最后一项工程，也同时为孔林平添了一道风景。孔子从未崇拜过神，这似乎又像是神的指示。

孔林明墓群

4．相关古文

自泰山发脉，石骨走二百里，至曲阜结穴，洙泗二水会于其前，孔林数百亩，筑城围之。城以外皆孔氏子孙，围绕列葬，三千年来，未尝易处。南门正对峄山，石羊石虎皆低小，埋土中。伯鱼墓，孔子所葬，南面居中，前有享堂，堂右横去数十武，为宣圣墓。墓坐一小阜，右有小屋三楹，上书“子贡庐墓处”。墓前近案，对

孔林至圣林

孔林

孔林孔鲤墓三孔孔林

一小山，其前即葬子思父子孙三墓，所隔不远，马鬣之封不用石砌，土堆而已。林中树以千数，惟一楷木老本，有石碑刻“子贡手植楷”，其下小楷生植甚繁。此外合抱之树皆异种，鲁人世世无能辨其名者，盖孔子弟子异国人，皆持其国中树来种者。林以内不生荆棘，并无刺人之草。

——摘自明张岱所著《夜航船》

“三孔”因人而存在，因文化而存在。在它的辉煌历程中，体现出的是历代人们以及统治者对孔子及其所创儒家文化的大力推崇。

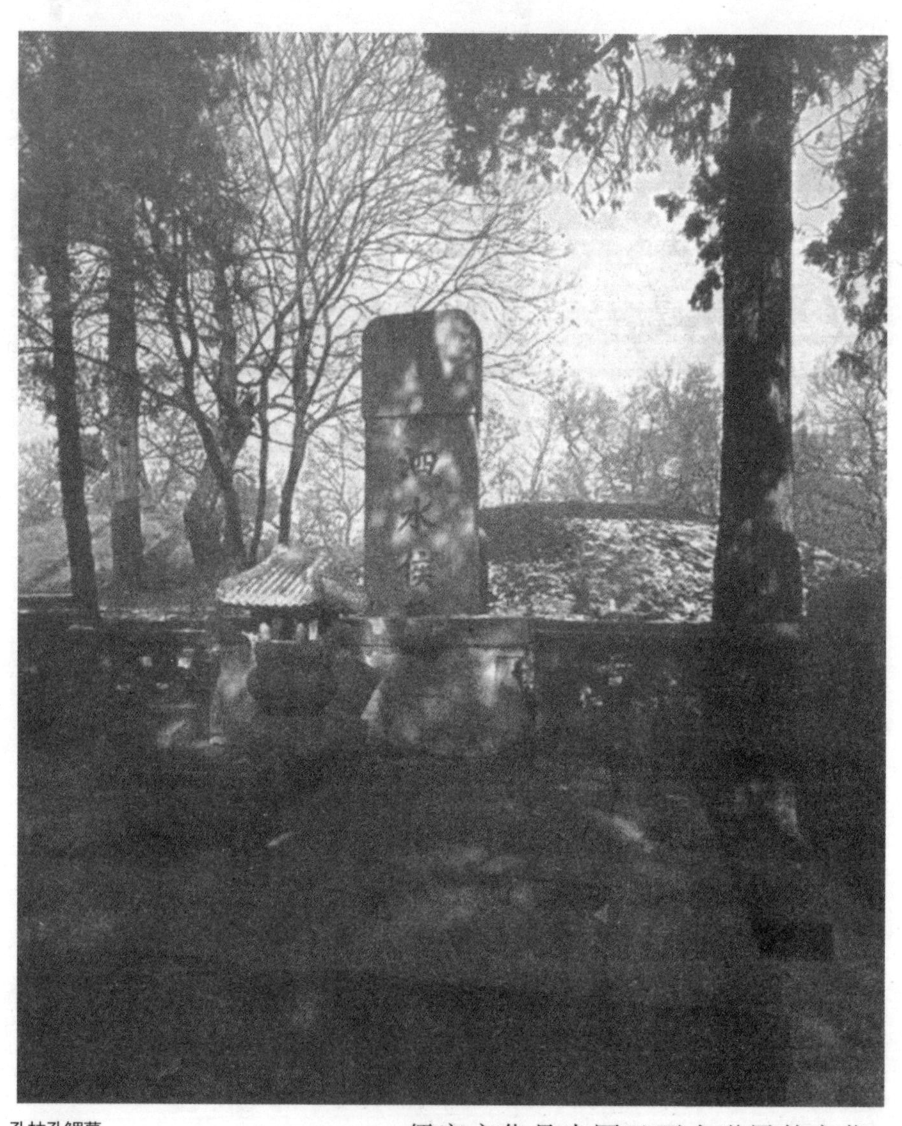

孔林孔鲤墓

儒家文化是中国乃至全世界的文化财富。随着人们对孔子及其所创儒家文化辩证认识的深入，“三孔”将继续存在并发挥它的作用，给世人提供更加丰富的物质和精神营养。